Die 12 Seiten einer umfassenden Bildung

Entwürfe für die Zukunft – Band 16

Kontakt: www.HarryEilenstein.de
Harry.Eilenstein@web.de
Harry Eilenstein bei youtube

Verlag: BoD · Books on Demand GmbH, Überseering 33, 22297 Hamburg, bod@bod.de
Druck: Libri Plureos GmbH, Friedensallee 273, 22763 Hamburg

ISBN: 978-3-8192-0982-6

Inhaltsübersicht

Warum 12?

Alle Bücher dieser Reihe haben genau 12 Kapitel – was sich ja auch in den Titeln dieser Bücher widerspiegelt. Warum?

In diesen Büchern wird der Tierkreis als Matrix von 12 verschiedenen Sichtweisen auf die Welt verwendet, um das Thema des Buches möglichst umfassend in 12 Kapiteln zu betrachten. Dadurch wird eine ausgewogenere, umfassendere und tiefere Einsicht in das jeweilige Thema erlangt als es ohne ein solches Raster, ohne eine solche Matrix möglich wäre.

Der Tierkreis wird in dieser Buch-Reihe als Forschungs-Hilfsmittel benutzt, durch das die Einseitigkeiten in der Betrachtung zumindest vermindert werden können. Weiterhin werden durch dieses Vorgehen diese 12 Sichtweisen auch als Ergänzungen zueinander, als organische Teile eines Ganzen deutlich.

Die Inspiration zu diesem Vorgehen stammt aus Hermann Hesses Roman „Das Glasperlenspiel", für das er 1946 den Literatur-Nobelpreis erhielt. In diesem Roman beschreibt er die öffentlichen Darstellungen von Übersichten und Gesamtbetrachtungen, die mithilfe von verschiedenen allgemeinen Strukturen wie z.B. dem Ba Gua aus dem chinesischen Feng-Shui angefertigt und aufgeführt werden.

Diese Buch-Reihe ist ein Versuch, Hesse's Idee im ganz Kleinen konkret zu verwirklichen.

Die Blickwinkel der 12 Tierkreiszeichen sind:

♈	Widder:	Spontaner
♉	Stier:	Genießer
♊	Zwilling:	Neugieriger
♋	Krebs:	Familienmensch
♌	Löwe:	Egozentriker
♍	Jungfrau:	Handwerker
♎	Waage:	Schöngeist
♏	Skorpion:	Tiefgründiger
♐	Schütze:	Idealist
♑	Steinbock:	Realist
♒	Wassermann:	Theoretiker
♓	Fische:	Träumer

1. Jetzt

♈

Wenn der „Denk-Planet" Merkur im eigenen Horoskop im Widder steht, lernt man dann am besten, wenn man dieses Wissen gerade in genau diesem Augenblick braucht: „Learning by doing."

Dieses Zwölftel der Menschen (es gibt zwölf Tierkreiszeichen, in denen der Merkur stehen kann) braucht Schulen, die wie ein Teil der Schulen in Finnland auf Eigeninitiative bauen. Dort gibt es keine festen Unterrichtsfächer – die Schüler lernen alles im Zusammenhang mit den Projekten, die sie sich gerade selber ausgewählt haben.

Die zentralen Themen und daher auch Unterrichtsfächer für diese Schüler werden folglich nicht geplant, sondern ergeben sich aus dem, was die Schüler gerade selber tun wollen – und was sie dabei nebenher lernen. Dies kann zum Beispiel beim Kuchenbacken das Multiplizieren sein, wenn die Zutaten nur für einen Kuchen angegeben sind, aber fünf Kuchen gebacken werden sollen. In diesen Schulen lernen oft auch verschiedenaltrige Schüler gemeinsam und lernen dabei voneinander und nicht nur von dem Lehrer. In vielen Fällen gibt es bei den Widdern auch einen großen Bewegungsdrang, also eine Vorliebe für Sport und evtl. auch Tanz.

Hier kämen in Zukunft keine bestimmten neuen Fächer zu den bereits existierenden Lehrplänen hinzu, da sich der jeweilige Lehrstoff aus der augenblicklichen Situation der Schüler und ihren Projekten ergibt. Das kann aber durchaus auch beinhalten, dass der Lehrer zwei Schülern, die dauernd Streit miteinander haben, ihnen ihre beiden Horoskope und den Vergleich ihrer beiden Horoskope erläutert – wobei vermutlich einige andere Schüler ebenfalls zuhören wollen würden.

Da der „Denkplanet" von der Erde aus gesehen maximal 27° von der Sonne entfernt stehen kann, ergibt sich daraus, dass der Merkur in ungefähr der Hälfte der Fälle in demselben Sternzeichen wie die Sonne steht und in je einem Viertel der Fälle in dem vorausgehenden oder nachfolgenden Sternzeichen. Wenn der Lehrer das Sternzeichen des Schülers kennt, kann er also ungefähr einschätzen, wie der Schüler denken wird.

Wenn der Lehrer den Geburtstag des Schülers kennt, kann er das Sternzeichen, in dem der Merkur des Schülers steht, noch ein wenig genauer einschätzen – er könnte die Stellung des Merkurs natürlich auch anhand des Geburtsdatums in den entsprechenden Planetenstands-Tabellen nachschauen.

Es wäre hilfreich, wenn der Lehrer die Möglichkeit hätte, spontan auf die Schüler eingehen zu können und sich auch einmal etwas mehr Zeit für die Fragen oder die Schwierigkeiten eines Schülers nehmen zu können. Dafür wären jedoch kleinere Klassen und weniger Zeitdruck notwendig. Die Lehrer stehen jedoch schon heute unter einem sehr großen Leistungsdruck und die meisten von ihnen machen viele Überstunden.

Der Spruch „Lehrer haben morgens recht und nachmittags frei" trifft die Lage nicht so ganz.

Daher wäre es sehr sinnvoll, wenn das Schulsystem so eingerichtet wäre, dass die Schüler wie in dem finnischen Schulmodell dann lernen, wenn sie es gerade brauchen – das gibt auch dem Lehrer etwas mehr Freiraum, da die Schüler ja auch voneinander und nicht nur von dem Lehrer lernen.

Nach der Schule findet sich diese Art des Lernens in jedem Beruf, aber besonders im Sport und im Tanz. Doch auch in allen Bereichen, in denen es notwendig ist, aus dem Augenblick heraus zu entscheiden, was man machen will wie z.B. in Therapien und anderen Arten der Beratung, ist diese Fähigkeit, ganz bei dem zu sein, was man gerade macht, wesentlich.

Es wäre daher förderlich, wenn an den Schulen auch die Fähigkeit gelehrt werden könnte, ganz in der Gegenwart präsent zu sein, die Welt wie zum ersten Mal zu sehen, wieder ganz wie ein kleines, staunendes Kind zu werden. Das wäre eine sehr wertvolle, grundlegende Fähigkeit, die das Leben wesentlich lebendiger machen würde.

Ich bin jetzt hier.

---

2. **Nutzen**

♉

Wenn der „Denk-Planet" Merkur im eigenen Horoskop im Stier steht, lernt man dann am besten, wenn man sieht, wozu dieses Wissen nützlich ist.

Dieses Zwölftel der Menschen braucht Schulen, die in den Alltag integriert sind und die das Wissen immer in den Zusammenhang mit dem Nutzen dieses Wissens stellen: „Die Aufmerksamkeit ist da, wo man einen Nutzen sieht."

Die zentralen Themen und daher auch Unterrichtsfächer für diese Schüler sind folglich die Dinge, die ein bestimmter Schüler unbedingt haben bzw. vermeiden will. Die möglichen Unterrichtsfächer Hausbau, Gesundheit, Kochen, Ernährung, Nähen und – falls es das geben sollte – auch Schminken könnten zu den Lieblingsfächern dieser Schüler mit einem Stier-Merkur gehören. Bei ihnen besteht auch eine Neigung zu Praktika.

Hier könnten Ernährung, Körperpflege, Innenarchitektur, Architektur, Städtebau und Finanzen als neue Fächer hinzukommen. Generell gibt es bei diesen Schülern eine deutliche Betonung des im Alltag nützlichen Wissens. Vermutlich passt auch die Psychologie im Stil von Sigmund Freud zu diesen Schülern – Freud war von seinem Tierkreiszeichen her ein Stier, weshalb sich bei ihm viel um die Stier-Themen Genuss, Besitz, Neid u.ä. dreht.

Es wäre hilfreich, wenn die Lehrer allgemein bei jedem Lehrstoff zeigen würden, wo dieses Wissen im Leben überall nützlich sein kann.

Letztlich wäre es natürlich erstrebenswert, wenn die Lehrer alle zwölf Arten des Lernens miteinander verbinden würden. Doch das ist eine sehr anspruchsvolle Aufgabe – zumal ja auch noch jeder Lehrer aufgrund seines eigenen Horoskops auch noch seine eigene Art des Denkens und Sprechens hat.

Das Eingehen auf die Lernweise eines Schülers kann einen sehr großen Einfluss auf einen Schüler haben. Wenn ein neuer Lehrer einem Stier-Schüler, der bisher in Mathematik eine „5" hatte, zum Beispiel die Harmonie und Schönheit der Zahlen, des Rechnens und der Geometrie deutlich machen kann, kann es sein, dass dieser Schüler nach kurzer Zeit eine „2" in Mathematik hat. Das ist keine theoretische Überlegung – diese Fälle gibt es wirklich. Und sie sind nicht selten.

Diese allgemeinen Betrachtungen zur Rolle des Lehrers zeigen, dass der Anspruch an die Lehrer im Grunde noch größer ist als er jetzt schon ist. Sie müssen letztlich Menschenfreunde und Weise sein.

Die Entscheidung, was von dem, was man tun könnte, gerade am nützlichsten ist, stellt sich das gesamte Leben über. Die Fähigkeit, das realistisch einschätzen zu können, entscheidet letztlich über das Gedeihen dessen, was man tut.

Es wäre förderlich, wenn an den Schulen auch noch das Genießen gelehrt werden könnte. Damit ist nicht das Essen von möglichst viel Sahnetorte oder das Trinken von möglichst viel Bier gemeint, sondern die Fähigkeit, wirklich zu erkennen, was man jetzt gerade am meisten genießen könnte, was man wirklich von Herzen genießen könnte. …

Das erfordert eine große Aufrichtigkeit und den Blick hinter die ganzen Ersatzhandlungen, die das eigentliche, was man wirklich will, verbergen.

Das ist nicht ganz einfach, aber wenn man das frühzeitig lernt, kann man sich in seinem späteren Leben viele Umwege und viel überflüssige Arbeit ersparen. Das würde wahrscheinlich auch viele Süchte vermeiden helfen – Alkohol, Zigaretten, aber auch härtere Drogen, die in vielen Fällen lediglich Ersatzbefriedigungen und nicht wirkliche Bedürfnisse sind …

Der große Genuss zeigt, dass etwas wahr und richtig und passend ist.

3. <u>Neugier</u>

♊

Wenn der „Denk-Planet" Merkur im eigenen Horoskop im Zwilling steht, lernt man dann am besten, wenn man neugierig auf dieses Wissen geworden ist.

Dieses Zwölftel der Menschen braucht Schulen, die auf eine sehr bunte und abwechslungsreiche Art lehren und wie die Montessori-Schulen die Entdeckerfreude und die Intelligenz fördern.

Die zentralen Themen und daher auch Unterrichtsfächer für diese Schüler sind somit letztlich die große Vielfalt des Wissens sowie die Sprachen.

Je mehr neue Fächer für diesen Typ Schüler neu hinzukommen, desto besser – schließlich wird er durch die Neugier auf das Unbekannte angezogen. Es wird also ein großer Abwechslungsreichtum gebraucht.

Um eine möglichst große Vielfalt an Fächern anbieten zu können und dadurch auf die Fähigkeiten und Neigungen der Schüler besser einzugehen zu können, sind schon vor langer Zeit an den Gymnasien die Wahl eines Faches aus einer Gruppe von Fächer (Biologie oder lieber Chemie? Französisch oder doch lieber Spanisch?) eingeführt worden sowie an den Schulen allgemein die große Anzahl von weniger wichtigen Fächern (Kochen, Chorgesang, Gärtnern u.ä.), aus denen man sich ein Fach aussuchen kann.

Das ist schon ein guter Ansatz, auch wenn noch immer ein großer Anteil der Unterrichtsfächer Pflichtfächer sind.

Menschen, die diese Art des Lernens bevorzugen, werden wahrscheinlich später entweder Berufe wählen, in denen ständig etwas anders gefordert ist, oder sie werden in ihrem Leben mehrere verschiedene Berufe ausüben – die sie alle auch recht schnell erlernen können.

Es wäre förderlich, wenn an den Schulen generell die Entdeckerfreude und die Experimentierfreude stärker angeregt werden könnte. Dadurch würden die Schüler entdecken, wie vielfältig die Welt ist, wie verschieden die Menschen und Kulturen sind, was es alles zu entdecken gibt, was man alles ausprobieren kann …

Diese Neugier ist eine der grundlegenden Fähigkeiten, die man sowohl braucht, um Neues zu entdecken als auch dafür, ein erfülltes Leben zu führen. Es macht die Wahl des eigenen Weges deutlich einfacher, wenn man die Vielfalt der möglichen Wege kennt.

Wie bunt ist die Welt?

4. Psyche

♋

Wenn der „Denk-Planet" Merkur im eigenen Horoskop im Krebs steht, lernt man dann am besten, wenn man das Wissen auf eine lebendige und bildhafte Weise erklärt bekommt.

Dieses Zwölftel der Menschen braucht Schulen, die eher behütend sind und in der die Lehrer wie „gute Eltern" auf die Kinder eingehen und ihnen alles anhand von Beispielen und Geschichten erläutern.

Das zentrale und interessante Thema ist für diese Schüler die Lebendigkeit; folglich ist für sie die Biologie und evtl. noch das Gärtnern das interessanteste Unterrichtsfach.

Als neues Fach könnten hier jedoch auch noch Psychologie, Familie, Erziehung, Medizin und Yoga hinzukommen. Auch das Lehren von Methoden wie Traumreisen oder Familienaufstellungen würden diese Schüler spannend finden. Bei ihnen würde sich auch der Blockunterricht, also nicht die gleichmäßige Verteilung der Fächer auf das Jahr, sondern das Legen des Unterrichts-Schwerpunktes auf ein bestimmtes Fach in einem bestimmten Monat, förderlich sein.

Vermutlich passt auch die Psychologie im Stil von Wilhelm Reich zu ihnen, da die Lebenskraft – die er „Orgon" nannte – der zentrale Begriff in seinem System ist.

Das Vertrauensverhältnis des einzelnen Schülers zu dem Lehrer bzw. des einzelnen Schülers zu einer Gruppe von Schülern, ist eine zentrale Frage für den Krebs – auch beim Lernen. Solch ein Vertrauensverhältnis zu erschaffen, ist jedoch für den Lehrer alles andere als eine einfache Aufgabe. Es gibt allerdings bereits Lehrer, die darauf achten, ob sie ein entspanntes oder ein eher ziemlich angespanntes Verhältnis zu einem Schüler haben und dann bei Bedarf dann daheim für sich mithilfe einer Familienaufstellung, einer Traumreise oder einer ähnlichen Methode diese Spannung auflösen.

Um das tun zu können, muss der Lehrer natürlich auch erst einmal eine solche Methode erlernt haben. Es wäre daher sinnvoll, wenn in dem Lehrerstudium zum besseren Verstehen der Schüler auch Astrologie gelehrt werden würde, und zum Auflösen von Spannungen auch Traumreisen, Familienaufstellungen und ähnliche Methoden.

Schließlich zeigt es sich immer wieder, dass Schüler in den Fächern besonders gut sind, in denen sie ein harmonisches, anregendes und vertrauensvolles Verhältnis zu ihrem Lehrer haben. Natürlich ist auch die Begabung des Schülers wichtig, aber das Verhältnis zu dem Lehrer bestimmt, wie viel sich von dieser Begabung dann auch tatsächlich entfalten kann.

Viele, die zu dieser Art des Lernens neigen, werden Kindergärtnerinnen, Hebammen, Gärtnerinnen, Pfleger, Psychologen und ähnliches. Doch es sind z.B. auch Malerei, Beratung und Gruppenleitung möglich.

Es wäre förderlich, wenn an den Schulen auch noch die Fähigkeit gelehrt werden könnte, in sich selber zu gehen, Traumreisen zu machen, sich selber aufrichtig anzusehen und auch die Stille-Meditation zu erlernen. Nur wer in der Lage ist, alles in dem eigenen Inneren aufrichtig und weitgehend furchtlos anzusehen, kann sein Leben auf eine Weise gestalten, die wirklich zu einem selber passt.

Dabei wären auch die Traumdeutungsmethoden, die von Sigmund Freud begründet wurden, und die Symbolentwicklung („Amplifikation"), die von Carl Gustav Jung entwickelt wurde, hilfreich, denn die innere Bilderwelt ist der eigentliche Schatz der stark durch den Krebs geprägten Menschen.

Alles Wertvolle beginnt im Innen und wächst von innen heraus.

5. Ich

$$\mathcal{\Omega}$$

Wenn der „Denk-Planet" Merkur im eigenen Horoskop im Löwen steht, lernt man dann am besten, wenn man gezeigt bekommt, wie dieses Wissen hilft, den eigenen Willen zu verwirklichen.

Dieses Zwölftel der Menschen braucht Schulen, in denen die Lehrer sozusagen Förderer der Selbstfindung und der Selbstverwirklichung der Schüler sind.

Die zentralen Themen und daher auch Unterrichtsfächer für diese Schüler sind folglich Sport, teilweise auch Biologie und Psychologie, sowie das Lesen und Besprechen von Biographien.

Als neues Fach könnten hier Selbsterkenntnis, Psychologie im Stil von C.G. Jung und auch Astrologie hinzukommen.

Es wäre natürlich hilfreich, wenn jeder Lehrer eine gute Menschenkenntnis haben würde und deshalb das Wesen eines jeden Schülers schnell erkennen könnte. Manche Menschen haben diese Gabe, andere brauchen dafür recht lange und wieder andere benutzen möglicherweise die Astrologie oder Orakel wie das Tarot oder das I Ging, um das Wesen eines Schülers besser erfassen zu können.

In einem System wie der Walldorf-Schule, in der die Schüler die gesamte Schulzeit über denselben Klassenlehrer behalten, ist es für den Lehrer deutlich einfacher, die einzelnen Schüler wirklich gut kennenzulernen. Andererseits wird es für einen Schüler natürlich auch zu einem Problem, wenn er in diesem System mit seinem Klassenlehrer nicht zurechtkommt. Sofern die Schule mehrzügig sein sollte, also mehrere Parallelklassen hat, könnte er in einem solchen Fall natürlich in eine andere Klasse wechseln.

Für diese Art von Menschen sind in ihrem Beruf der Selbstausdruck, die große Bühne und die Selbstbestimmung wichtig. Sie sind oft auch Unternehmer, Selbständige und Freiberufler – evtl. auch Lehrer. Hier finden sich oft der Autodidakt, der Selfmademan, der Abenteurer, der Showmaster und der Lebenskünstler.

Es wäre förderlich, wenn an den Schulen auch einige Arten der Selbstfindung gelehrt werden könnten. Das könnten sowohl Betrachtungen, Therapien und ähnliches wie Horoskope, Traumreisen und dergleichen sein. Die Selbsterkenntnis ist die Grundlage dafür, dass man ein erfülltes Leben leben kann.

Man könnte auch die verschiedenen Weisheitslehren lesen – aber nur als Ergänzung, denn die eigenen Erlebnisse sind wichtiger als angelesenes Wissen. Eine weitere Möglichkeit sind auch Retreats, eine Woche in der Wildnis und ähnliche Unternehmungen, die für die meisten Schüler ungewohnt sein werden und ihnen daher helfen, sich selber besser kennenzulernen.

> ***Ich gehe meinen Weg.***

6. Handwerk

♍

Wenn der „Denk-Planet" Merkur im eigenen Horoskop in der Jungfrau steht, lernt man dann am besten, wenn man dieses Wissen präzise und im Detail erklärt bekommt.

Dieses Zwölftel der Menschen braucht Schulen, in denen das Wissen über die Welt wie ein Handwerk erklärt wird und in denen den Schülern gezeigt wird, was man womit machen kann.

Die zentralen Themen und daher auch Unterrichtsfächer für diese Schüler sind folglich Mathematik, Physik und alle Arten des Werkens. Es besteht auch eine Neigung zu Praktika.

Als neues Fach könnten evtl. die Heilkunst, die Ernährungslehren, die Therapieformen, Computer-Technologie, die Astrologie und die Kunst des geschickten Reparierens aller Dinge hinzukommen.

Die Vielfalt an handwerklichen Angeboten erfordert die Anstellung von Lehrern mit einer vielfältigen Ausbildung oder eben die stundenweise Anstellung von Handwerkern. Durch Gärtner, Goldschmiede, Maurer, Programmierer und ähnliche können bei den Schülern viele Interessen und Begabungen geweckt werden.

Es wäre wünschenswert, wenn die Lehrer in den Bereichen, in denen sie unterrichten, wirkliche Fachleute sind. Das wird man jedoch nur dann vorfinden, wenn das betreffende Handwerk eine frühere Ausbildung oder ein langjähriges Hobby dieses Lehrers ist.

In Privatschulen hat man hingegen eine größere Chance, mit wirklichen Fachleuten zu tun zu haben, da dort viele Lehrer keine ausgebildeten Lehrer sind, sondern das Lehren nur nebenberuflich durchführen und im Hauptberuf z.B im Max-Planck-Institut für Physik arbeiten. Doch auch da muss der Schüler natürlich das Glück

15

haben, dass er ausgerechnet in dem Fach, für das er eine Begabung hat, auch einen solchen hochqualifizierten Fachmann als Lehrer hat.

Die beliebtesten Berufe sind hier der Handwerker, der Heiler, der Pfleger, der Therapeut, der Unternehmensberater oder eine Arbeit beim Reparatur-Schnelldienst oder beim Schlüssel-Service, sowie alle ähnlichen Berufe, die eine Sache wieder in die richtige Ordnung bringen. Hier wird nach Sachkenntnis, Erfahrung und Geschick gestrebt.

Es wäre förderlich, wenn an den Schulen auch noch das Urteilsvermögen gelehrt werden könnte, denn eine Situation oder einen Menschen einigermaßen sicher einschätzen zu können, ist ausgesprochen hilfreich und kann viele Fehlschläge vermeiden.

Es gibt viel Möglichkeiten, dieses Urteilsvermögen zu üben: mit einem Blick die Zahl der Pferde auf einer Weide schätzen, die Geschwindigkeit des Fluges eines Vogels schätzen, sich zu fragen, warum Efeu dunkle Blätter hat, schauen, ob ein Mensch lügt oder nicht … Man auch aus Intelligenztests viele Anregungen zur Schulung des Urteilsvermögens erhalten.

Wie funktioniert das?

7. Analogie

♎︎

Wenn der „Denk-Planet" Merkur im eigenen Horoskop in der Waage steht, lernt man dann am besten, wenn man die großen Zusammenhänge dieses Wissens mit vielen anderen Dingen und Wissensbereichen erklärt bekommt.

Dieses Zwölftel der Menschen braucht Schulen, die stets die Zusammenhänge, die Harmonie und die Schönheit in dem Wissen über die Welt in den Vordergrund stellen.

Die zentralen Themen und daher auch Unterrichtsfächer für diese Schüler sind folglich die Mathematik und in geringerem Maße auch noch die Physik und die Chemie, sowie aus dem Streben nach Schönheit auch noch die Musik und die Kunst allgemein und weiterhin aus dem Streben nach Gerechtigkeit auch noch die Ethik.

Als neue Fächer können bei ihnen noch die Diplomatie, die Philosophie, die Malerei und die Bildhauerei bei verschiedenen Völkern und in verschiedenen Epochen, die Dichtkunst bei verschiedenen Völkern und in verschiedenen Sprachen, das Deuten von Omen und das Deuten von Orakeln (Tarot, I Ging u.a.) sowie die Kenntnis und das Nutzen von Analogie-Systemen (Astrologie, kabbalistischer Lebensbaum, Ba Gua, Vastu Purusha u.ä.) hinzukommen.

Ein Lehrer kann natürlich nur verschiedene Ansichten unterscheiden und miteinander vergleichen, wenn ihm auch selber diese Art des Denkens liegt. Ihm sollte jedoch zumindest klar sein, dass jeder Schüler auf eine andere Weise denkt und bei seinen Erklärungen ein Stück weit auf diese verschiedenen Denkweisen eingehen können. Dafür sollte der Lehrer wenigstens einen groben Überblick über die verschiedenen Sichtweisen, Weltanschauungen, Tierkreiszeichen usw. haben und sie in ihren Grundzügen auch darstellen können.

Es wären natürlich auch längere Einzelgespräche mit einem Schüler sinnvoll, wenn dieser ein Problem hat, an einer Stelle nicht weiterweiß oder einen Widerspruch sieht. Doch das ist etwas, was für einen Lehrer in den heutigen Schulen kaum durchführbar ist. Bei einer Klasse von 30 Schülern und vier solcher Gespräche im Jahr mit jedem

Schüler wären das bereits zwei solcher Gespräche pro Woche. Das erscheint zwar zunächst nicht viel, aber wenn man bedenkt, wie viel Arbeit die Lehrer bereits heute haben – vor allem vor und nach dem Unterricht – dann ist das doch eine deutliche Mehrbelastung.

Als Beruf sind hier die Kontaktfreudigen, die Vermittler und die Ästheten zu finden: Verkäufer, Vertreter, Diplomaten, Künstler, Redner, Astrologen usw. Zu diesen Berufen zählen aber auch noch die Rechtsanwälte und die Richter, die zu dem Gerechtigkeitssinn der Waagen passen. Es besteht auch eine Neigung, Dinge zu vergleichen, was schließlich bis hin zu Glasperlenspielen führen kann, wie sie Hermann Hesse in seinem gleichnamigen Roman beschrieben hat. Diese Glasperlenspiele sind die Darstellungen von Zusammenhängen, Entwicklungen und Analogien, wodurch umfassende und das Thema sehr deutlich vertiefende Gesamtübersichten entstehen.

Es wäre förderlich, wenn an den Schulen auch noch die Deeskalation und die Streitschlichtung gelehrt und geübt und dann von den meisten auch noch angewandt werden könnten. Der Nutzen dieser Fähigkeit ist offensichtlich, wenn man schaut, was auf den Schulhöfen so alles geschieht.

Auch das Verstehen der Kooperation und ihrer Vorteile kann sehr hilfreich sein – wobei man gleichzeitig auch die eigene Standfestigkeit üben muss, damit man nicht sich selber nicht vor lauter Friedlichkeit ständig anpasst.

Hier könnten Menschen wie Nelson Mandela, Mahatma Gandhi oder Martin Luther King Inspirationen sein.

> *Schönheit ist das Maß aller Dinge.*

8. **Macht**

♏

Wenn der „Denk-Planet" Merkur im eigenen Horoskop im Skorpion steht, lernt man dann am besten, wenn man sehen kann, wie man sich mithilfe dieses Wissens besser gegen andere und gegen alle Widerstände durchsetzen kann.

Dieses Zwölftel der Menschen braucht Schulen, die alles Wissen als Mittel zum Zweck vermitteln, wobei im Mittelpunkt der Darstellung stehen muss, wie man ein Ziel durch dieses Wissen auf taktisch geschickte Weise erreichen kann.

Die zentralen Themen und daher auch Unterrichtsfächer für diese Schüler sind folglich diejenigen, die mit heftigen Gefühlen zu tun haben – das sind daher vor allem Politik und Sexualkunde.

Als neue Fächer können bei ihnen noch die Psychologie, die Meditation, die Rhetorik, die Selbstverteidigung, der Kampfsport, die Kunst des strategischen Vorgehens und schließlich noch das Wissen über den Umgang mit Drogen und die Magie hinzukommen. Bei der Psychologie wird möglicherweise der Stil von Alfred Adler bevorzugt, bei dem die Entwicklung der eigenen Persönlichkeit, das Durchsetzen des eigenen Willens und das Erleben von Konkurrenz zwischen Geschwistern eine wichtige Rolle spielt.

Ein Lehrer ist auch immer wieder mit Machtkämpfen konfrontiert: zwischen den Schülern, zwischen sich und einem Schüler, zwischen sich und anderen Lehrern, zwischen sich und der Schulleitung … Als Lehrer braucht man eine solide Standfestigkeit und ein gutes strategisches und taktisches Geschick, um den eigenen Unterricht so lenken zu können, wie man das für richtig hält.

Es ist auch ausgesprochen förderlich, wenn der Lehrer in der Lage ist, seinen Unterricht an die Dinge anzuschließen, die die Schüler wirklich bewegen – seien das nun Sexualität, Beziehungen, Flüchtlinge, Kriege, Energiekrisen, Drogen, Fußball-Weltmeisterschaften, Prügeleien, Forschungen, neue PC-Spiele oder was auch immer.

Wenn der Lehrer in der Lage ist, das, was er lehren will (oder soll), an die Themen anzuschließen, zu denen die Schüler durch ihre eigene Motivation hingezogen werden, dann hat der Lehrer keine Mühe damit, die Aufmerksamkeit der Schüler zu erlangen – dann ist er nicht mehr der, der Wissen vermitteln will, sondern die Schüler sind die, die Wissen erlangen wollen.

Hier finden sich die Taktiker, die Strategen, die Kritiker, die Forscher, die Entdecker, die Detektive, die Spione, die Saboteure, die Staatsanwälte, die Soldaten, die Heerführer, die Mystiker, die Magier, die Illusions-Zauberer und alle anderen, die entweder einen Schleier vor die Dinge legen oder die hinter die Schleier schauen – und die allesamt nach Macht streben.

Es wäre förderlich, wenn an den Schulen auch noch die physisch-spirituellen Arten des Kampfsports gelehrt werden könnten (Aikido, Karate, Kung-Fu, Shaolin u.ä.).

Das widerspricht keineswegs dem Erlernen der Deeskalation, die eben bei der Waage angeregt worden ist. Man braucht eine grundlegende Verteidigungsfähigkeit, um nicht unterdrückt zu werden. Dabei ist es wichtig, auch die Grundlagen der magischen Aspekte des Kampfes zu erlernen, da durch ihre Kenntnis auch die Schwachen standhaft und aufrichtig werden können.

- - -

Die hier beschriebene kritische-analytische Denkweise wäre nicht notwendig, wenn es nicht neben dem wissenschaftlichen Denken der Jungfrau, das die Dinge und ihre Folgen möglichst klar darstellen will, nicht auch das strategische Denken des Skorpions gäbe, das den eigenen Willen durchsetzen und die Wirkungen verschleiern will. Daher sollte man sich in der Kritik-Fähigkeit des Skorpions üben – die das Heilmittel für das Manipulations-Bestreben des Skorpions ist.

Die alltägliche Werbung bietet dafür ein reiches Übungsfeld:

1. „Imkerhonig“: Diese Aussage besagt überhaupt nichts, da Honig immer von Imkern stammt.

2. „kaltgeschleuderter Honig“: Honig wird immer kalt geschleudert, da sonst die Waben schmelzen und sich der Bienenwachs mit dem Honig vermischen würde. Das, worauf es ankommt, ist, ob der Honig kalt abgefüllt wird oder nicht, da der Honig oft erhitzt wird, damit er dünnflüssiger wird und leichter abgefüllt werden kann.

3. Es wird oft mit „kontrollierter Anbau“ und ähnlichen Formulierungen, die überhaupt nichts bedeuten, geworben, weil diese Ausdrücke leicht mit „kontrolliert biologischer Anbau“ verwechselt werden können, die ein Gütesiegel des Bio-Anbaus sind. Der Lebensmittel-Einzelhandelsverband empfiehlt seinen Mitgliedern ausdrücklich, mit einem „grünen Begriffen“ zu werben, da dadurch der Umsatz erhöht werden kann.

4. „Milch von Kühen, die gesundes Futter erhalten“: Was hier „gesundes Futter“ ist, wird nirgendwo näher erläutert.

5. „Milch von glücklichen Kühen“: Muß man dazu noch etwas sagen?

6. „gratis geliefert“: Das bedeutet nur, daß die Lieferkosten bereits in die Produktkosten eingerechnet worden sind und in der Rechnung nicht gesondert ausgewiesen werden …

7. „frisch geröstete Haselnüsse“: Wie lange es her ist, daß diese Haselnüsse geröstet worden sind bevor sie in die Schokolade kamen, steht nirgendwo – zudem ist der Begriff „frisch“ sehr dehnbar. Aber warum sollte ein Schokoladenhersteller die Haselnüsse auch lange lagern, bevor er sie in die Schokolade mischt? Abgesehen davon sind Haselnüsse sehr lange gut haltbar. Diese Werbung sagt also überhaupt nichts aus – sie soll das Produkt lediglich wertvoller erscheinen lassen.

8. „Erdnußbutter“: Die Erdnuß ist keine Nuß, sondern eine geröstete Bohne – und die „Erdnußbutter“ enthält auch keinerlei Butter. Doch der korrekte Name „Bohnenmus“ klingt nun mal bei weitem nicht so wertvoll wie „Erdnußbutter“.

9. „zum Abo ohne Fremdwerbung“: Der Internet-Anbieter will hier suggerieren, daß er mit der Werbung auf seiner Seite überhaupt nichts zu tun hat – daß das „Fremde“ sind, die sich da leider, leider immer wieder einmischen. Das suggeriert weiterhin, daß der Anbieter im Interesse des Nutzers die Werbung

von dieser Internetseite – die angeblich von „Fremden" dort platziert wird –
vertreibt. Dabei ist es der Anbieter, der diese Werbung auf seiner Webseite
unterbringt, um damit Geld zu verdienen. Er bietet also erst die bei ihm
werbende Firma zur Kasse und dann auch noch den Nutzer, damit er die
Werbung nicht zu sehen braucht. Er verdient doppelt und stellt das als
„Schutz des Kunden vor Fremdwerbung" dar … Viel dreister geht's nicht
mehr …

10. „My XXX": Die Firmen („XXX") benennen den Teil ihrer Webseite, an der
der Kunde seine eigenen Daten findet, gerne als „My XXX". Dieses „my"
(„meine") soll den Nutzern zum einen mit der Webseite identifizieren und
ihm zum anderen suggerieren, daß dieser Teil der Webseite sein eigener
Besitz ist. Dabei geht bei all dem nur um eine gut versteckte Erhöhung der
Kundenbindung.

11. „Einfacher können Sie kein Geld sparen!" Dieser Hinweis auf den Schwarz-
fahrverbots-Tafeln soll suggerieren, daß man dadurch, daß man die meist
extrem teuren Fahrkarten im Regionalverkehr kauft, Geld spart – statt ziemlich viel auszugeben. Der öffentliche Personennahverkehr hat diese täuschen-
de Werbung auch bitter nötig: 1965 kostete eine Erwachsenen-Fahrkarte z.B.
innerhalb von Bonn 20 Pfennig (= 10 Cent), doch heute sind das 3,70 Euro.
Das ist eine Steigerung um 3600% in 60 Jahren, also um jährlich um 60%.
Diese Inflationsrate gibt es ansonsten in der BRD nirgendwo auch nur
annähernd.

12. „Arbeit muß sich wieder lohnen!" Wer würde dem nicht zustimmen wollen?
Diesen Spruch, der sich auf die Steuern bezieht, die vom Lohn abgezogen
werden, sollte man jedoch einmal genauer anschauen. Die Steuern gehen an
den Staat und der Staat unterstützt damit u.a. die Bürger der Unteren und
mittleren Schichten, die in Not sind. Die Reduzierung der steuern läuft immer
darauf hinaus, daß jeder für sich selber sorgen muß und das „soziale
Gewissen" schrittweise abgeschafft wird. Die Reduzierung oder Aufhebung
der Steuern dient nur den Reichen …

13. „Freie Fahrt für freie Bürger!" Zweimal „Freiheit" und dazu ein dreifacher
Stabreim (drei Worte beginnen mit „f") – das überzeugt! Allerdings soll
dieser Spruch nur verschleiern, daß es auf Grund des Klimawandels dringend
notwendig ist, die Autoabgase zu reduzieren, die bei hohen Geschwindig-

keiten für eine Strecke von 100km deutlich größer sind als bei einer langsameren Geschwindigkeit für dieselben 100km.

14. „ökologischer Fußabdruck“: Dieser Begriff ist eine geschickte Erfindung von BP, die das ökologische Engagement der Menschen fort von den Konzernen und hin auf die Verbraucher abzulenken soll: Jeder soll darauf achten, daß er nicht der Umwelt schadet … und dabei nur noch auf sich selber schaut und nicht mehr auf die Konzerne, die die eigentlichen Umweltverschmutzer sind …

15. Diese irreführende Methoden werden auch in der Politik sehr gerne angewendet. So argumentieren manche Politiker z.B., daß jährlich 100.000 Vögel an Windrädern sterben, weshalb alle Windräder wieder abgerissen werden müssen – und verschweigen dabei natürlich, daß in einem Jahr 130.000.000 Vögel an den Glasfassaden von Bürohochhäusern sterben … also 1300-mal so viele wie an den Windrädern. Man sollte also zuerst die Bürohochhäuser abbauen …

16. Politiker sagen auch stets „Wir sind bereit, Verantwortung zu übernehmen.“ statt des sehr viel ehrlicheren „Wir wollen die ganze Macht!“

Dieses kritische Denken kann man jeden Tag üben … Es lohnt sich!

Wie setze ich mich durch?

9. Ideal

♐

Wenn der „Denk-Planet" Merkur im eigenen Horoskop im Schützen steht, lernt man dann am besten, wenn dieses Wissen Begeisterung für ein Ziel hervorruft.

Dieses Zwölftel der Menschen braucht Schulen, die stets zunächst in einem ersten Schritt kurz die Missstände im Leben und in der Welt schildern und dann im zweiten Schritt ausführlich zeigen, wie ein bestimmtes Wissen helfen kann, diese Missstände zu beheben – und auch gleich Möglichkeiten anbieten, was die Schüler jetzt sofort dazu beitragen können. Bei ihnen müssen die Lehrer in der Lage sein, die Schüler für etwas zu begeistern.

Die zentralen Themen und daher auch Unterrichtsfächer für diese Schüler sind folglich Ethik und Politik sowie evtl. noch Sport und Philosophie.

Als neue Fächer kommen bei ihnen Rhetorik und das neue Fach „Idealisten und ihre Vorgehensweisen" in Frage – und Beispiele für Projekte, die erfolgreich die Welt verbessert haben.

Der Lehrer steht oft vor der Frage, wie er die Schüler für etwas begeistern kann. Das kann natürlich nur dann funktionieren, wenn der Lehrer selber von etwas begeistert ist und bei allem sieht, wie es noch besser sein könnte. Er sollte aber den Schülern keinen Druck machen und auch nicht ständig immer noch höhere Anforderungen an sie stellen, sondern ihnen Dinge schildern, die die Schüler aus sich heraus zu einem Engagement für Veränderungen motivieren und dadurch auch ihren Lerneifer anspornen.

Menschen, die sich zu dieser Art des Lernen hingezogen fühlen, werden oft Fernfahrer, Krankenwagenfahrer, Feuerwehrmänner, Redner, Projektleiter, Anführer oder üben ähnliche Berufe aus, bei denen in irgendeiner Weise weite Entfernungen zurückgelegt oder große Entwicklungen bewältigt werden.

Es wäre förderlich, wenn an den Schulen auch noch der Weitblick gelehrt werden könnte: Ohne Weitblick keine Effektivität.

Man muss den ganzen Weg zu seinem Ziel erkennen können – und man muss zuvor genau geprüft haben, was wirklich das eigene Ziel ist, wie das einzelne Ziel mit allen anderen Zielen zusammenhängt, und welche Folgen das Erreichen dieses Zieles haben könnte und welche Folgen das Vorgehen dabei haben könnte. Nur so kann man schließlich wirklich eine bessere Lage erschaffen als die, in der man vorher gewesen ist.

Los! Lasst uns endlich anfangen!

10. Realismus

♑

Wenn der „Denk-Planet" Merkur im eigenen Horoskop im Steinbock steht, lernt man dann am besten, wenn man klar sehen kann, dass dieses Wissen wirklich die Realität beschreibt.

Dieses Zwölftel der Menschen braucht Schulen, die zeigen, „wie die Welt ist", und die auf überzeugende Weise demonstrieren, dass dieses vermittelte Wissen verlässlich ist und dass es deshalb auch die Hindernisse im eigenen Leben aus dem Weg räumen kann.

Die zentralen Themen und daher auch Unterrichtsfächer für diese Schüler sind folglich alle Arten von Sachkunde sowie Geschichte. Es besteht auch eine Neigung zu Praktika.

Als neue Fächer kommen bei ihnen das Studium der Biographien erfolgreicher Männer und Frauen sowie das Studium verschiedener Weisheitslehren hinzu. Vermutlich haben diese Schüler auch eine Neigung zur Verhaltenspsychologie.

Der Berufsbezug des Lernens ist ein Aspekt, der die Lernbereitschaft dieser Schüler fördern kann. Die Frage nach dem Lebensziel der Schüler kann ihnen deutlich machen, wo sie hinwollen, wie sie leben wollen – und was sie dafür brauchen. Dadurch können sie ihr Lernen als einen Schritt auf dem Weg zu der Lebensweise, die sie erreichen wollen, sehen.

Sie werden zu den Bewahrern in der Gemeinschaft: Statiker, Buchhalter, Statistiker, Wärter, Wächter, Aufseher, Lehrer, Archäologe, Chronisten usw.

Es wäre förderlich, wenn an den Schulen auch noch die Fähigkeit gelehrt werden könnte, auch in Situationen, in denen alle anderen von heftigen Gefühlen angetrieben werden, sachlich bleiben zu können, um die Lage und die möglichen Weiterentwicklungen sehen können und auf dieser Grundlage dann sinnvolle Entscheidungen treffen zu können. Das braucht jedes Kind, jeder Schüler, jeder Erwachsene …

und auch Politikern würden diese Fähigkeit und die Bereitschaft, sie auch zu nutzen und anderen zu vermitteln, gut tun …

***Ein hoher Turm, der die Zeiten überdauern soll,
muss auf einem festen Felsen errichtet werden.***

11. Utopie

~

Wenn der „Denk-Planet" Merkur im eigenen Horoskop im Wassermann steht, lernt man dann am besten, wenn man sehen kann, wie dieses Wissen die Welt verbessern kann.

Dieses Zwölftel der Menschen braucht Schulen, die zeigen, wie man mit Wissen leichter eine bessere Welt erschaffen kann. Generell sind diese Schüler Weltenbürger.

Die zentralen Themen und daher auch Unterrichtsfächer für diese Schüler sind folglich die Ethik und die Philosophie.

Als neue Fächer kommen noch das „Entstehen von Erfindungen" sowie die Betrachtung von Weltanschauungen und die „Dynamik von Revolutionen" hinzu.

Auch die Grundlagenforschung und die Suche nach dem, „was die Welt im Innersten zusammenhält", ist ein Teil von dem, was diese Schüler brauchen, um von ihrem Lehrer inspiriert zu werden.

Das beginnt damit, dass den Schülern der Zusammenhang zwischen ihren Unterrichtsfächern deutlich ist. So ist zum Beispiel die Mathematik die Grundlage der Physik, diese ist die Grundlage der Chemie, auf der wiederum die Biologie beruht, auf diese stützt sich die Medizin, auf diese die Psychologie, auf diese die Soziologie, auf diese die Politik, auf diese die Ökologie … Ähnliche Darstellungen der Zusammenhänge kann man den Schülern auch bei den Sprachen, bei Geschichte, Religion, Ethik und Philosophie usw. anbieten.

Weiterhin führt auch der Vergleich von Weltbildern und Lebensweisen zu einem größeren Interesse an der Entwicklung eines umfassenden Idealbildes der Welt, also einer Utopie.

Sie sind die Schiffskapitäne und noch mehr die Flugkapitäne und die Raumfahrer, sie sind die Entdecker, die Genies, die Wissenschaftler, die Professoren, die Revolutionäre und vor allem sind sie die Weltbürger.

Es wäre förderlich, wenn den Lehrern auch noch die Fähigkeit, Gesamtbetrachtungen anzuregen und auch selber durchzuführen, gelehrt werden könnte. Nur wer das Ganze sieht, wird auch die Zusammenhänge und die inneren Strukturen und Dynamiken sehen können – und nur dann kann man auch erkennen, welcher Weg zu einer besseren Situation führen könnte.

Der Blick auf das Ganze schafft Orientierung. Wenn man am Detail oder an einer einzelnen Möglichkeit „festklebt", wird man nur sehr selten und eher aus Zufall den sinnvollsten Weg wählen.

Nur die Weltformel kann alle Probleme lösen.

12. Phantasie

♓

Wenn der „Denk-Planet" Merkur im eigenen Horoskop in den Fischen steht, lernt man dann am besten, wenn man an dem dargestellten Wissen Anteil nimmt.

Dieses Zwölftel der Menschen braucht Schulen, die wie die Waldorf-Schulen die Phantasie der Schüler ansprechen und ihre Kreativität fördern.

Die zentralen Themen und daher auch Unterrichtsfächer für diese Schüler sind folglich Kunst und Religion.

Als neue Fächer können noch die Meditation sowie die Betrachtung oder besser noch das Erleben von verschiedenen Weltanschauungen und Lebensweisen hinzukommen.

Als Letztes kommen dann auch noch die religiösen, spirituellen, magischen und astrologischen Fragen hinzu, die zu einem ganzheitlichen Weltbild führen können.

Derzeit werden in diesem Bereich für die meisten Schüler (und Lehrer) noch Experimente notwendig sein, da diese Bereiche noch nicht fest als allgemeine bekannte Erlebnisse in das derzeitige Weltbild integriert worden sind. Zum Glück kann man mit ein wenig eigener Erfahrung fast alle dieser Experimente ohne große Mühe durchführen – insbesondere Telepathie, Telekinese, Astrologie und evtl. auch den Feuerlauf.

Dieser Bereich der Bildung, der bisher lediglich an den Waldorf-Schulen in nennenswertem Maße vorhanden ist, wird sehr wahrscheinlich eine große Eigendynamik entwickeln, da Schüler sofort alles, was wirklich funktioniert, auch für ihre eigenen Zwecke verwenden.

Diese Schüler werden später oft Händler und Künstler werden; zu ihnen zählen auch die Hilfsbereiten, die Lebensberater, die Drogenberater, die Priester, die Seher, die Ökologen und sie haben noch viele andere Berufe mehr, die meistens die Verbesserung des Gesamtwohls zum Ziel haben.

Es wäre förderlich, wenn an den Schulen auch noch die Meditation gelehrt werden könnte, da sie hilft, Gelassenheit, Klarheit, Selbstkenntnis, Standhaftigkeit und auch noch einige andere Fähigkeiten mehr zu erwerben. Die Meditation ist kein Allheilmittel, aber sie ist ein Werkzeug, das in keinem Werkzeugkasten fehlen sollte – sie ist so ähnlich grundlegend wie ein Hammer.

Wenn an den Schulen die Grundlagen der Meditation gelehrt werden könnten, würden die Schüler zumindest wissen, wozu man Meditation – und evtl. auch Magie – alles nutzen kann. Das würde das Leben einfacher machen, denn die Chance, den eigenen Weg zu sehen und ihn auch gehen zu können, wird durch diese Fähigkeiten deutlich größer.

> *Wissen ist die Fähigkeit, Antworten zu geben,*
> *Weisheit ist die Kunst Fragen zu stellen.*

Bücher von Harry Eilenstein

Magie für Anfänger
- Telepathie für Anfänger (60 S.)
- Telepathie für Fortgeschrittene (52 S.)
- Telekinese für Anfänger (52 S.)
- Analogien für Anfänger (56 S.)
- Omen und Orakel für Anfänger (52 S.)
- Lebenskraft für Anfänger (60 S.)
- Meditation für Anfänger (56 S.)
- Kundalini für Anfänger (100 S.)
- Hypnose für Anfänger (56 S.)
- Kampfmagie für Anfänger (172 S.)
- Auto-Movement für Anfänger (56 S.)
- Chakra-Magie für Anfänger (148 S.)
- Astralreisen für Anfänger (56 S.)
- Astrologie für Anfänger (120 S.)
- Astrologische Quadrate für Fortgeschrittene (72 S.)
- Partnerhoroskope für Anfänger (100 S.)
- Silberschnüre für Anfänger (52 S.)
- Zaubersprüche für Anfänger (60 S.)
- Ritual-Magie für Anfänger (56 S.)
- Mandalas für Anfänger (68 S.)
- Geldzauber für Anfänger (56 S.)
- Liebeszauber für Anfänger (52 S.)
- Invokationen für Anfänger (52 S.)
- Evokationen für Anfänger (60 S.)
- Geister für Anfänger (52 S.)
- Elfen für Anfänger (56 S.)
- Magie-Forschung für Anfänger (140 S.)
- Magie-Romantik für Anfänger (60 S.)
- Selbsterkenntnis für Anfänger (52 S.)
- Einweihungen für Anfänger (60 S.)
- Drogen-Kabbala für Anfänger (216 S.)
- Zahlensymbolik für Anfänger (60 S.)
- Die Sprache des Mondes – für Anfänger (116 S.)
- Zaubergesänge für Anfänger (100 S.)
- Zukunftschau für Anfänger (60 S.)
- Schamanismus für Anfänger (52 S.)
- Schwitzhütten für Anfänger (52 S.)
- Magische Gegenstände für Anfänger (68 S.)
- Übertragungen für Anfänger (68 S.)
- Zaubertränke für Anfänger (64 S.)
- Magie-Gesten für Anfänger (252 S.)
- Da'ath-Magie für Anfänger (64 S.)
- Magie-Heilungen für Anfänger (68 S.)
- Kornkreise für Anfänger (348 S.)
- Feng Shui für Anfänger (96 S.)
- Tao für Anfänger (112 S.)
- Magie für Anfänger – Sammelband   I (696 S.)
- Magie für Anfänger – Sammelband   II (664 S.)
- Magie für Anfänger – Sammelband III (580 S.)
- Magie für Anfänger – Sammelband IV (700 S.)
- Magie für Anfänger – Sammelband   V (676 S.)
- Magie für Anfänger – Sammelband VI (640 S.)

Magie
- Handbuch für Zauberlehrlinge (408 S.)
- Wie man das Pentagramm-Ritual zum Leben erweckt (308 S.)
- Tarot (104 S.)
- Physik und Magie (184 S.)
- Die Synthese von Physik und Magie (200S.)
- Die Magie-Formel (156 S.)
- Schwarze Löcher in der Magie (56 S.)
- Krafttiere – Tiergöttinnen – Tiertänze (112 S.)
- Schwitzhütten (524 S.)
- Mythen und Magie der Harfe (116 S.)
- Drei Adeptus Major Rituale (192 S.)
- Drei Adeptus Exemptus Rituale (120 S.)
- Zwei Infans Abyssi Rituale (128 S.)

Traumreisen
- Traumreisen zu Heilpflanzen (700 S.)
- Traumreisen zum kabbalistischen Lebensbaum (132 S.)

Meditation
- Der Lebenskraftkörper (230 S.)
- Die Chakren (100 S.)
- Das Chakren-System mit den Nebenchakren (296 S.)
- Organe und Chakren (64 S.)
- Die platonischen Körper in den Chakren (156 S.)
- Meditation (140 S.)
- Drachenfeuer (124 S.)
- Kundalini I (676 S.)
- Kundalini II (672 S.)
- Reinkarnation (156 S.)
- einsgerichtet (140 S.)

Astrologie
- Astrologie (496 S.)
- Photo-Astrologie (428 S.)
- Die astrologischen Aspekte (88 S.)
- Horoskop und Seele (120 S.)

Kabbala
- Kursus der praktischen Kabbala (150 S.)
- Eltern der Erde (450 S.)
- Blüten des Lebensbaumes:
    1. Die Struktur des kabbalistischen Lebensbaumes (370 S.)
    2. Der kabbalistische Lebensbaum als Forschungshilfsmittel (580 S.)
    3. Der kabbalistische Lebensbaum als spirituelle Landkarte (520 S.)
- Logik und Wirkung der Analogie (700 S.)

Eilenstein, Frater V.D., Knecht, Büdenbender
- Magie heute – Berichte aus der Praxis (288 S.)

Büdenbender, Eilenstein
- Chaos, Alk und Magic (436 S.)

Germanen

1. Die Entwicklung der germanischen Religion (556S.)
2. Lexikon der germanischen Religion (576S.)
3. Der ursprüngliche Göttervater Tyr (584S.)
4. Tyr in der Unterwelt: der Schmied Wieland (228S.)
5. Tyr in der Unterwelt: der Riesenkönig 1 (448S.)
6. Tyr in der Unterwelt: der Riesenkönig 2 (452S.)
7. Tyr in der Unterwelt: der Zwergenkönig (304S.)
8. Der Himmelswächter Heimdall (140S.)
9. Der Sommergott Baldur (228S.)
10. Der Meeresgott: Ägir, Hler und Njörd (176S.)
11. Der Eibengott Ullr (148S.)
12. Die Zwillingsgötter Alcis (292S.)
13. Der neue Göttervater Odin 1 (672S.)
14. Der neue Göttervater Odin 2 (160S.)
15. Der Fruchtbarkeitsgott Freyr (320S.)
16. Der Chaos-Gott Loki (608S.)
17. Der Donnergott Thor (600S.)
18. Der Priestergott Hönir (76S.)
19. Die Göttersöhne (204S.)
20. Die unbekannteren Götter (248S.)
21. Die Göttermutter Frigg (220S.)
22. Die Liebesgöttin: Freya und Menglöd (424S.)
23. Die Erdgöttinnen (212S.)
24. Die Korngöttin Sif (104S.)
25. Die Apfel-Göttin Idun (144S.)
26. Die Hügelgrab-Jenseitsgöttin Hel (288S.)
27. Die Meeres-Jenseitsgöttin Ran (112S.)
28. Die unbekannteren Jenseitsgöttinnen (384S.)
29. Die unbekannteren Göttinnen (308S.)
30. Die Nornen (328S.)
31. Die Walküren (636S.)
32. Die Zwerge (424S.)
33. Der Urriese Ymir (220S.)
34. Die Riesen (384S.)
35. Die Riesinnen (368S.)
36. Mythologische Wesen (280S.)
37. Mythologische Priester und Priesterinnen (220S.)
38. Sigurd/Siegfried (672S.)
39. Helden und Göttersöhne (628S.)
40. Die Symbolik der Vögel und Insekten (496S.)
41. Die Symbolik der Schlangen, Drachen und Ungeheuer (616S.)
42.a Die Symbolik der Herdentiere 1 (448S.)
42.b Die Symbolik der Herdentiere 2 (304S.)
43. Die Symbolik der Raubtiere (372S.)
44. Die Symbolik der Wassertiere und sonstigen Tiere (164S.)
45. Die Symbolik der Pflanzen (192S.)
46. Die Symbolik der Farben (124S.)
47. Die Symbolik der Zahlen (640S.)
48. Die Symbolik von Sonne, Mond und Sternen (596S.)

49.a Das Jenseits 1 – Das Hügelgrab (428S.)
49.b Das Jenseits 2 – Der Jenseitsweg (484S.)
50. Astralreise, Seelenvogel, Utiseta und Einweihung (420S.)
51. Wiederzeugung und Wiedergeburt (476S.)
52. Elemente der Kosmologie (412S.)
53. Der Weltenbaum (324S.)
54. Die Symbolik der Himmelsrichtungen und der Jahreszeiten (276S.)
55.a Mythologische Motive 1 – Aufbau (492S.)
55.b Mythologische Motive 2 – Vorgänge (480S.)
56. Der Tempel (397S.)
57. Die Einrichtung des Tempels (696S.)
58. Priesterin – Seherin – Zauberin – Hexe (428S.)
59. Priester – Seher – Zauberer (300S.)
60. Rituelle Kleidung und Schmuck (140S.)
61. Skalden und Skaldinnen (92S.)
62. Kriegerinnen und Ekstase-Krieger (224S.)
63. Die Symbolik der Körperteile (340S.)
64.a Magie und Ritual 1 – Magie (608S.)
64.b Magie und Ritual 2 – Kult (592S.)
64.c Magie und Ritual 3 – Heilung (192S.)
65. Gestaltwandler (316S.)
66.a Magische Angriffs-Waffen (660S.)
66.b Magische Verteidigungs-Waffen (328S.)
67. Magische Werkzeuge und Gegenstände (348S.)
68. Zaubersprüche (340S.)
69. Göttermet (416S.)
70. Zaubertränke (72S.)
71. Träume, Omen und Orakel (284S.)
72. Runen (252S.)
73. Sozial-religiöse Rituale (328S.)
74. Weisheiten und Sprichworte (540S.)
75. Kenningar (664S.)
76. Rätsel (160S.)
77. Die vollständige Edda des Snorri Sturluson (512S.)
78. Frühe Skaldenlieder (224S.)
79.a Mythologische Sagas 1 (488S.)
79.b Mythologische Sagas 2 (372S.)
80. Hymnen an die germanischen Götter (684S.)

nicht Teil der Germanen-Reihe:
- Odin (300 S.)

Kelten
- Cernunnos (690 S.)
- Taliesin (228 S.)
- Der Kessel von Gundestrup (220 S.)
- Der Chiemsee-Kessel (76)

Inder
- Dakini (80 S.)
- Vajra (76 S.)

Griechen
- Pan (336 S.)
- Poseidon (668 S.)

Religion allgemein
- Die sieben Schritte des Lebens (428 S.)
- Muttergöttin und Schamanen (168 S.)
- Totempfähle (440 S.)
- Der Urriese (168 S.)

Jungsteinzeit
- Göbekli Tepe (472 S.)
- Die Göttin von Göbekli Tepe (144 S.)
- Die Rituale von Göbekli Tepe (112 S.)

Ägypten
- Hathor und Re 1: Götter und Mythen im
  im Alten Ägypten (432 S.)
- Hathor und Re 2: Die altägyptische Religion
  – Ursprünge, Kult und Magie (396 S.)
- Isis (508 S.)
- Ma'at (200 S.)

Indogermanen
- Die Entwicklung der indogermanischen
  Religionen (700 S.)
- Wurzeln und Zweige der indogermanischen
  Religion (224 S.)

Christentum
- Christus (60 S.)
- Die Biographie des Teufels (144 S.)
- Die Magie der Propheten Elias und Elisa (96 S.)

Psychologie
- Über die Freude (100 S.)
- Das Geheimnis des inneren Friedens (252 S.)
- Das Beziehungsmandala (52 S.)
- Gefühle und ihre Verwandlungen (404 S.)
- einsgerichtet (140 S.)
- Liebe und Eigenständigkeit (216 S.)
- Von innerer Fülle zu äußerem Gedeihen (52 S.)
- Kreative Hochzeits-Rituale (56 S.)

Heilung
- Die Symbolik der Krankheiten (76 S.)

Kunst
- Herz des Tanzes – Tanz des Herzens (160 S.)
- Die Wurzeln der Kunst (60 S.)
- Wege zur Musik-Improvisation (32 S.)

Drama
- König Athelstan (104 S.)

Roman
- Maran der Schamane (548 S.)
- Maran der Zauberlehrling (676 S.)
- Maran der Harfner (700 S.)
- Maran der Krieger (700 S.)
- Maran der Magier (900 S.)
- Maran der Weise (900 S.)

Entwürfe für die Zukunft
1. Die 12 Stile des Tierkreises (164 S.)
2. Die 12 Gedanken zur Energie (108 S.)
3. Die 12 Phänomene der Schwingungen (60 S.)
4. Die 12 Qualitäten des Wassers (92 S.)
5. Die 12 Fundamente des Wohnens (96 S.)
6. Die 12 Grundprinzipien einer umfassenden
   Gesundheit (32 S.)
7. Die 12 Zonen des menschlichen Körpers (80 S.)
8. Die 12 Zutaten der Ernährung (60 S.)
9. Die 12 Flüge der Bienen (148 S.)
10. Die 12 Sichtweisen auf Genußmittel und Drogen (96 S.)
11. Die 12 Möglichkeiten der ganzheitlichen Medizin (92 S.)
12. Die 12 Ansichten über das Impfen (36 S.)
13. Die 12 Leitlinien der Erziehung (44 S.)
14. Die 12 Richtungen des Denkens (84 S.)
15. Die 12 Arten des Lernens (56 S.)
16. Die 12 Seiten einer umfassenden Bildung (36 S.)
17. Die 12 Ansätze zu effektivem Handeln (76 S.)
18. Die 12 Konzepte der Arbeit (48 S.)
19. Die 12 Arten der neuen Technologien (36 S.)
20. Die 12 Betrachtungsweisen der künstlichen
    Intelligenz (48 S.)
21. Die 12 Eigenheiten des Geldes (40 S.)
22. Die 12 Funktionen der Steuern (56 S.)
23. Die 12 Betrachtungsweisen der Sozialberufe (60 S.)
24. Die 12 Strategien der Macht (64 S.)
25. Die 12 Anforderungen an ein neues Wertesystem (48 S.)
26. Die 12 Bausteine einer neuen Gesellschaftsform (52 S.)
27. Die 12 Tore zur Sophikratie (80 S.)
28. Die 12 Pfade zum Frieden (48 S.)
29. Die 12 Säulen des Naturrechts (56 S.)
30. Die 12 Grundlagen der Beziehungen (52 S.)
31. Die 12 Spielfelder des Fußballs (108 S.)
32. Die 12 Wege der Kunst (60 S.)
33. Die 12 Wurzeln eines erfüllten Lebens (44 S.)
34. Die 12 Bereiche des Bewußtseins (56 S.)
35. Die 12 Tempel der Religionen (84 S.)
36. Die 12 Aspekte eines einheitlichen
    spirituell-physikalischen Weltbildes (72 S.)
37. Die 12 Dynamiken der Verwandlung (44 S.)
- Sammelband 1 „Natur" (492 S.)
- Sammelband 2 „Gesundheit" (512 S.)
- Sammelband 3 „Bildung" (524 S.)
- Sammelband 4 „Gesellschaft" (416 S.)
- Sammelband 5 „Psyche" (380 S.)

die „Anfänger"-Reihe
- The Synthesis of Physics and Magic (192 p.)
- Telepathy for Beginners (60 p.)
- Telepathy for Advanced Learners (52 p.)
- Telekinesis for Beginners (56 p.)
- Life Force for Beginners (76 p.)
- Kundalini for Beginners (104 p.)
- Astral Projection for Beginners (60 p.)
- Meditation for Beginners (60 p.)
- Prophecy for Beginners (60 p.)
- Ritual Magic for Beginners (64 p.)
- Magic Chant for Beginners (108 p.)
- Invocations for Beginners (52 p.)
- Evocations for Beginners (62 p.)
- Auto-Movement for Beginners (60 p.)
- Elves for Beginners (56 p.)
- Hypnosis for Beginners (56 p.)
- Love Magic for Beginners (52 p.)
- Money Magic for Beginners (60 p.)
- Magic Objects for Beginners (64 p.)
- Shamanism for Beginners (52 p.)
- Chakra-Magic for Beginners (148 p.)
- Language of the Moon – for Beginners (128 p.)
- Self Knowledge for Beginners (60 p.)
- Da'ath-Magic for Beginners (64 p.)
- Astrology for Beginners (112 p.)
- Number Symbolism for Beginners (64 p.)
- Mandalas for Beginners (76 p.)
- Crop Circles for Beginners (344 p.)
- Feng Shui for Beginners (96 p.)
- Magic Research for Beginners (140 p.)
- Magic for Beginners – Anthology I (636 p.)
- Magic for Beginners – Anthology II (616 p.)
- Magic for Beginners – Anthology III (684 p.)
- Magic for Beginners – Anthology IV (580 p.)

Eilenstein, Frater V.D., Knecht, Büdenbender
- Living Magic (261 S.) (= „Magie heute")

sonstige englische Ausgaben
- The Biography of the Devil (140 S.)
- The Synthesis of Physics and Magic (192 S.)
- The Chakra-System with the Minor Chakras (304 S.)